BEI GRIN MACHT SICH IHR WISSEN BEZAHLT

AF137148

- Wir veröffentlichen Ihre Hausarbeit,
  Bachelor- und Masterarbeit

- Ihr eigenes eBook und Buch -
  weltweit in allen wichtigen Shops

- Verdienen Sie an jedem Verkauf

Jetzt bei www.GRIN.com hochladen und kostenlos publizieren

Julia Ossko

Stadtentwicklung in Deutschland - Die mittelalterliche Stadt

GRIN Verlag

Bibliografische Information der Deutschen Nationalbibliothek:

Die Deutsche Bibliothek verzeichnet diese Publikation in der Deutschen National-
bibliografie; detaillierte bibliografische Daten sind im Internet über http://dnb.d-
nb.de/ abrufbar.

Impressum:

Copyright © 2011 GRIN Verlag GmbH
Druck und Bindung: Books on Demand GmbH, Norderstedt Germany
ISBN: 978-3-656-30092-2

Dieses Buch bei GRIN:

http://www.grin.com/de/e-book/203406/stadtentwicklung-in-deutschland-die-mit-
telalterliche-stadt

GRIN - Your knowledge has value

Der GRIN Verlag publiziert seit 1998 wissenschaftliche Arbeiten von Studenten, Hochschullehrern und anderen Akademikern als eBook und gedrucktes Buch. Die Verlagswebsite www.grin.com ist die ideale Plattform zur Veröffentlichung von Hausarbeiten, Abschlussarbeiten, wissenschaftlichen Aufsätzen, Dissertationen und Fachbüchern.

Besuchen Sie uns im Internet:

http://www.grin.com/

http://www.facebook.com/grincom

http://www.twitter.com/grin_com

Institut für Geographie der Universität Erlangen-Nürnberg

Stadtentwicklung in Deutschland

Die mittelalterliche Stadt

Julia Ossko
Wintersemester 2011/2012

Inhaltsverzeichnis

1. Einleitung

Diese Hausarbeit beschäftigt sich mit der Entstehung und Entwicklung der Stadt im Mittelalter. Primär möchten wir jedoch auf die typisch charakteristische Merkmale einer mittelalterlichen Stadt eingehen um so dem Leser das alltägliche Leben dieser Zeit näher zu bringen.

Das 11. Und 12. Jahrhundert prägt hinsichtlich des Städtebaus unser heutiges Leben enorm. Denn in dieser Zeit wurde die Grundlage für eine idealtypische Stadt, wie wir sie heute kennen, geschaffen.

Wie schon erwähnt, möchten wir zu Beginn dieser Arbeit auf die Entstehung und Entwicklung der Stadt im Mittelalter als auch auf die neue Lebensweise der einfachen Bürger eingehen in dem wir den Begriff „Stadtluft macht frei" kurz erläutern. Anschließend möchten wir einige Merkmale einer mittelalterlichen Stadt, wie das Rathaus, die Kirchbauten, den Marktplatz, das Bürgerhaus usw. näher erläutern. Abschließend endet diese Darstellung mit einem kurzen Fazit.

2. Aufbau und Stadtentwicklung

Die alten Römerstädte waren die ersten Siedlungen in Deutschland welche die Merkmale und Funktionen einer Stadt hatten. Nach dem Untergang des römischen Reiches verfielen diese allmählich. Zurück blieben das antike Straßennetz, sowie zahlreiche Fundamente die sich später zu den großen Städten Deutschlands entwickelten. Wie z.B. Köln, Mainz, Worms, Passau und viele mehr.

Erst ab 1100 wurden diese großen Städte neu angelegt. Eine Phase des Städtebaubooms folgte und eine überwiegende Zahl der heutigen Städte geht auf diese mittelalterlichen Gründungen zurück.

Der Zusammenschluss von Stadtbewohnern zu einem rechtsfähigen Organ und das Streben der Kaufleute und Handwerkern nach mehr Autonomie spielte dabei eine wichtige Rolle.

Das 11. Und 12 Jahrhundert ist also gekennzeichnet durch eine Phase der Stadtgründungen.[1]

---

[1] Fuhrmann, Bernd: Die Stadt im Mittelalter. Konrad Theiss Verlag. Stuttgart, 2006. S. 14-19

Auch verschob sich im 11. Jahrhundert der Handelsschwerpunkt. Städte wurden zu Wirtschaftszentren. Verkehrsgünstige Standorte waren von enormem Vorteil. Kaiser und Adel sicherten sich geeignete Gebiete an Grenzen und Flussübergangen. Für diese schnelle Entwicklung war auch der vom Kaiser verliehenen Münz-, Zoll- und Marktrecht verantwortlich. Auf diese Weise konnte eine geregelte Städtebauphase gelingen.

Bei der Erteilung von Stadtrechten griffen die Stadtherrn seit Ende des 10. Jahrhunderts oftmals auf Vorbilder zurück, so dass sich regelrechte Stadtrechtsfamilien erkennen lassen. Die Interessen der Stadtherren spielten beim Entstehen der Städte im 11. Und 12 Jahrhundert eine große Rolle. Städte und Burgen dienten als Befestigung und Verwaltungssitze einer noch sehr rudimentären Durchdringung der Herrschaftsbereiche. Dies gilt gleichermaßen auch für König, Herzöge und Erzbischöfe, Fürsten sowie Grafen. Die „Städtepolitik" war also ein Instrument im Territorialisierungsprozess und ein Mittel der Herrschaftssicherung. Dabei spielte auch die Bevölkerungszunahme sowie der agrarische und gewerbliche Wachstum eine Rolle, da so der Zuzug in die vorstädtischen Siedlungen und entstehenden Städte gesichert war.

Den Menschen boten die Städte eine größere Sicherheit durch die Befestigung. Auch die Aussicht auf ein freieres und leichteres Lebens sowie die besseren wirtschaftlichen Chancen bildeten neben den Festen und Jahrmärkten eine Abwechslung des ansonsten eintönigen Lebens.[2]

Von besonderer Bedeutung war die Reglung des Zuzugs Unfreier vom Land. Nach der Regelung "Stadtluft macht frei" konnten diese Bürger der Stadt werden, meist nach "Jahr und Tag". In der Stadt durfte man sich dann nicht nur den Ehepartner frei wählen, sondern war auch von der grundherrlichen Arbeitsverpflichtung frei. Jedem Bürger wurde Friede und Freiheit garantiert, es gab das freie Besitz- und Erbrecht, sowohl für Männer als auch für Frauen.

---

[2] Fuhrmann, Bernd: Die Stadt im Mittelalter. Konrad Theiss Verlag. Stuttgart, 2006. S. 21-22

3. Merkmale einer mittelalterlichen Stadt

Das europäische Städtewesen wurde maßgeblich vom Mittelalter geprägt. Die Entwicklung der deutschen Stadt ist Mitte des 13. Jahrhunderts soweit fortgeschritten, dass sie als Grundlage für eine idealtypische Charakterisierung dienen kann. Die nachfolgenden Kennzeichen einer mittelalterlichen Stadt gelten aber nur als Orientierung.

3.1 Das Rathaus

Das Rathaus steht im Mittelalter als Symbol für das Bürgertum. Das Bedürfnis der Bürgergemeinde wuchs nach einem eigenem „Haus". So wurde das Rathaus zu dem zentralen Gebäude einer Stadt. Dieses stand meist im Zentrum, naher der Hauptpfarrkirche. Es war meist ein repräsentatives aufwendig gestaltetes Gebäude, durch das das städtische Selbstbewusstsein demonstriert wurde. "Die Entstehung der Bauaufgabe Rathaus entsprang nicht einer funktionalen Notwendigkeit, sondern einem repräsentativen Willen zur Selbstdarstellung des Rates", so Albrecht.[3]

Es gab einen Saal für Rats- und Gerichtssitzungen sowie einen Raum für den Stadtschreiber, ein Geistlicher, der im Auftrag des Rates wichtige Verträge niederschrieb. Auch der Verwalter von Finanzen hatte im Rathaus seinen Platz. So war das Rathaus politischer Mittelpunkt als auch Sinnbild der bürgerlich-städtischen Identität, Freiheit, Demokratie und Mitbestimmung.[4]

3.2 Die Kirchenbauten

Mehrtürmige Bischofs-, Stifts- und Klosterkirchen beherrschten als monumentale Bauwerke das Stadtbild[5]. Immer häufiger übernahmen seit dem 13. Jahrhundert reiche Bürger und finanzstarke Kommunen die Baukosten, weshalb sie Einfluss auf die Verwaltung des Bauvermögens gewannen. Der Dombau in Regensburg z. B. scheint ausschließlich auf der Finanzkraft des städtischen Patriziats beruht zu haben. An der

---

[3] Albrecht, Stephan: Mittelalterliche Rathäuser in Deutschland. Wissenschaftliche Buchgesellschaft, Darmstadt 2004. S. 14-18
[4] Brockmann, Hartmut: Die Stadt im späten Mittelalter. Verlag C.H. Beck München. München, 1986. S. 125-127
[5] Isenmann, Eberhard: Die deutsche Stadt im Spätmittelalter. Verlag Eugen Ulmer. Stuttgart, 1988. S. 58

Wende zum 13. Jahrhundert folgten die ersten großen Pfarrkirchenbauten, vor allem in Form der Basilika und bürgerlichen Stadtkirchen. Basiliken wie beispielsweise in Lübeck, Freiburg i. Br. oder Ulm haben gewaltige Ausmaße. Kennzeichen dabei sind Hauptschiff mit untergeordnetem Seitenschiff. Bürgerliche Stadtkirchen sind die eintürmigen Hallenkirchen mit gleichhohen Seitenschiffen, die zusammen mit dem Mittelschiff von einem monumentalen Dach oder Paralleldächern über jedem Schiff zusammengefasst werden. Dabei entfällt das Querschiff und die Giebelfront wird zum Schaugiebel ausgestaltet.[6]

Man kann sagen, dass die Kirche ein Bereich des Friedens und des Asyls war und auch heute noch ist. Dieser Bereich wurde von Kirchhofsmauern umgrenzt. Der Ausdruck "Friedhof" leitet sich daraus ab und ging später auf die Begräbnisstätte über. Zunächst war die Kirche nicht unmittelbar zugänglich. Da die Kirchhöfe aber mehr und mehr belegt wurden, errichtete man Beinhäuser (Karner), häufig verbunden mit einer Kapelle. Im Spätmittelalter befand sich die Begräbnisstätte dann außerhalb der Stadtmauer. So konnte man die Kirchhöfe auflassen und es entstanden Marktplätze vor den Kirchen. Auch dienten sie zu Versammlungen, für Verkaufsstände und zu sozialfürsorglichen Wohnzwecken. Auch nutzte man viele Kirchen als Gerichthof und als städtisches Archiv. Ratssitzungen und Wahlen wurden ebenso in der Kirche abgehalten.

Im Inneren der Kirche befanden sich Glocken, Sonnenuhren und später auch astronomische Uhren, die den Bürgern nicht nur als Zeitmaß sondern auch als Längen-, oder Brotmaß.

Ebenso dienten nicht nur die Stadttürme als Wachtposten und zur Orientierung. Auch der Kirchturm, als höchster Punkt der Stadt, wurde in Anspruch genommen.

Die Kirche, ein Ort der Seelsorge durch den Pfarrklerus und dem Bettelorden, fügte sich in die Flucht der Bürgerhäuser, und das auch im übertragenem Sinn.

3.3 Der Marktplatz

Der Marktplatz welcher im Zentrum der Stadt lag war das bedeutendste Kennzeichen einer Stadt. Auf den Marktplatz liefen alle wichtigen Straßen zu, so dass er für alle leicht zu finden war.[7] Er kann als "Ökonomie im Mittelalter" gesehen werden. Der Handel

---

[6] Isenmann, Eberhard: Die deutsche Stadt im Spätmittelalter. Verlag Eugen Ulmer. Stuttgart, 1988. S. 59
[7] Isenmann, Eberhardt: Die deutsche Stadt im Spätmittelalter, Verlag Eugen Ulmer. Stuttgart, 1988. S.61

wurde zu einem wichtigen Faktor in der mittelalterlichen Zeit. Aus diesem aufstrebenden Handel entwickelten sich Gewerbe und Zünfte, die mit ihrer Ware auf den Marktplätzen Handel betreiben konnten. So kam es zu einem wesentlichen Aufschwung der Städte im Mittelalter.

Der Markt war das, was heute die Industriegebiete sind: die Haupteinnahmequelle. Jeder der in die Stadt wollte um am Marktplatz seine Ware zu verkaufen musste am Stadttor zahlen. Jeder Händler und jeder Stand brachte der Stadt Geld ein.

Zudem entstand eine beginnende Arbeitsteilung. Die Teilung zwischen Stadt und Land ermöglichte eine neue Lebensweise für viele Bürger. Anders als auf dem Land waren sie frei und mussten keinem Grundherrn dienen. Es entstand eine völlig neue Denkweise in der mittelalterlichen Gesellschaft. Die Menschen wollten nun nicht nur ihre Existenz sichern sondern einen Überschuss produzieren um Handel zu betreiben und um so zu mehr Reichtum zu gelangen. Die Dreifelderwirtschaft wurde entwickelt und so konnte die Ernährung der steigenden Stadtbevölkerung gesichert werden.

Je nach Handwerk, Beruf oder Gewerbe schloss man sich zu Gilden und Zünften zusammen. Gilden sind genossenschaftliche Vereinigungen die zur gemeinsamen Vertretung und Förderung ihrer Interessen dienen und sich gegenseitigen Schutz- und Hilfeleistung bieten. Sie erlangten politischen Einfluss und eine Monopolstellung im Handel und Gewerbe.

Doch gleichzeitig bildeten Zünfte und Gilden ein sehr starres System, die keinen Raum für neue Produktionslinien oder technische Veränderungen zuließ.

Der Marktplatz war nicht nur Verkaufsplatz sondern auch Ort des öffentlichen Lebens. Er diente als Kultur- und Informationsaustausch sowie als Ort der Rechtsprechung (Pranger).[8]

3.4 Das Bürgerhaus

Der Bestand an noch intakten Häusern aus der Zeit vor 1800 liegt in etwa unter einem Prozent. Das liegt nicht nur an der Zerstörung durch den 2. Weltkrieg, sonder auch an den wiederholten, verheerenden Stadtbränden. Daraus folgend gibt es für viele wichtige Fragen bisher nur hypothetische Antworten.[9]

---

[8] Isenmann, Eberhardt: Die Deutsche Stadt im Spätmittelalter. Verlag Eugen Ulmer. Stuttgart, 1988. S.62
[9] Isenmann, Eberhard: Die deutsche Stadt im Spätmittelalter. Verlag Eugen Ulmer. Stuttgart, 1988. S. 51

Festhalten kann man aber, dass eine mittelalterliche Stadt einer Großbaustelle glich, da mit zunehmender Bevölkerung auch der Bedarf an kostengünstigen Wohnhäusern stieg. Die Meisten der städtischen Bauten, die an der Wende zu 14. Jahrhundert erstanden sind und von denen man genauere Kenntnis hat, wurden zunächst als Holzbauten errichtet.

Im Spätmittelalter sind es nicht mehr Holzmassivbauten, bei denen waagerechte oder senkrechte Hölzer die tragende Wand bilden, sondern Skelettbauten.

Das Gerüst bestand aus verbundenen senkrechten, waagerechten und schrägen Hölzern und wird als Ganzes ohne Rücksicht auf das Material der Ausfachung als Fachwerk bezeichnet.

Die Fensteröffnungen der Bauten waren zuerst sehr klein und wurden bis ins 15. Jahrhundert mit feiner Leinwand, dünngegerbter Haut, geöltem Pergament, Holzläden oder dünngeschabtem Horn verschlossen. Da Glas sehr teuer war, wurde dies zunächst nur in Kirchen, öffentlichen Gebäuden und in Häusern der Oberschicht verwendet.

Durch Notwendigkeit können Bauformen des Adels oder Bauten kirchlicher Höfe Vorbilder für die Mehrstöckigkeit der Bürgerhäuser gewesen sein. Man brauchte Räume für die Vorratshaltung und die Lagerung von Materialien und Handelswaren. Die Dachräume vieler Bürgerhäuser des Spätmittelalters sind Vorratsspeicher, weshalb mit Rollaufzügen das Material über ausragende Balken nach oben transporteiert wurde. Diese Balken kann man auch heute noch an vielen Häusern, beispielsweise in Nürnberg in der Weißgerbergasse, sehen.

Bereits für das 12. Jahrhundert lassen sich prächtige Steinbauten, aber nur für die Oberschicht, in den Städten nachweisen. In manchen Städten begann man ab dem 13. Jahrhundert, auf Grund der zahlreichen Stadtbrände, Holzhäuser durch Steinhäuser zu ersetzen. Andernfalls wurden zur Verhinderung der Ausbreitung von Bränden Schutzvorschriften erstellt, wonach jedes neue Haus eine Feuermauer an der Seite zum Nachbarhaus haben musste. Der Rat subventionierte diesen Vorgang durch Steuererleichterung und stelle Material des städtischen Bauhofes zur Verfügung.

Wohn- und Arbeitsstätte der Bürger fielen oft in einem Haus zusammen. Verkauft wurde auf den heruntergeklappten Fensterläden zur Straße hin. Handwerkhäuser waren den Bedürfnissen des jeweiligen Betriebs und der Lagerhaltung angepasst. So waren z. B. die Häuser der Gerber und Färber oft an einem Flusslauf zusammengefasst.[10]

---

[10] Isenmann, Eberhard: Die deutsche Stadt im Spätmittelalter. Verlag Eugen Ulmer. Stuttgart, 1988. S. 51-52

3.5 Die Stadtmauer

Die Stadtmauer diente als Schutz und Grenze, welche die Stadt von ihrer Umgebung trennte. Auch wenn die Stadt schon vor der Stadtmauer begann, war in vieler Hinsicht doch die Mauer die Grenze. Jeder Fremde wurde auf diesen Sachverhalt sehr deutlich aufmerksam gemacht. Keiner wurde ohne weiteres in eine Stadt gelassen. Tagsüber sorgte ein städtischer Torwächter für geregelten Einlass und gab darauf acht das Besucher ein Torgeld zahlten. Falls ein Nichtbürger oder Bürger zu spät kam, also nach „Toresschluss" musste dieser wahrscheinlich bis zum nächsten Morgen warten.

Die Stadtmauer mit ihren Toren wirkte jedoch auch in umgekehrter Richtung als Stadtbefestigung unter Kontrolle. Zum Beispiel im Falle eines innerstädtischen Aufstandes kamen auch die Stadtbewohner nicht ohne weiteres hinaus.

Diese Vorzüge eines sicheren Lebens in der Stadt waren sehr teuer. Der Mauerbau war außerordentliche kostspielig und strapazierte die städtischen Finanzen enorm. Daher wurden die Bürger in erheblichem Maße zu Bauarbeiten herangezogen. Auch war die Mauer teilweise ein Produkt von Justiz. Straftätig gewordene Bürger mussten nicht selten ein Stück Mauer auf eigene Kosten neu aufführen oder reparieren.

Bei schwerwiegenderen Delikten diente die Mauer auch als andere Zone der städtischen Justiz. Tore und Türme wurden nämlich zu Gefängnissen ausgebaut.

Infolgedessen hatten Mauern, Türme und Tore nicht nur eine militärisch-praktische, sondern auch eine rechtlich-symbolische Bedeutung.[11]

3.6 Die Landwirtschaft

Zwischen Stadt und Land bestanden vielfache Beziehungen. "Definitorische Elemente des Stadtbegriffs verweisen auf Beziehungen zwischen Stadt und Umland."[12] Mit dem städtischen Zentralmarkt kommt die zentrale Raumfunktion der Stadt ins Blickfeld:

" Die Raumfunktion der Stadt wird nachdrücklich als eine spezifische Funktion betrachtet und als konstitutives Element in die Stadtdefinition einbezogen."[13]

Der zentralörtliche Aspekt von Stadt berücksichtigt allerdings nur den Bedeutungsüberschuss. Dies ist sehr einseitig, da das Land wesentliche Leistungen für

---

[11] Brockmann, Hartmut: Die Stadt im späten Mittelalter. Verlag C.H. Beck München. München, 1986. S. 34-36

[12] Isenmann, Eberhardt: Die Deutsche Stadt im Spätmittelalter. Verlag Eugen Ulmer. Stuttgart, 1988. S. 231

[13] Isenmann, Eberhardt: Die Deutsche Stadt im Spätmittelalter. Verlag Eugen Ulmer. Stuttgart, 1988. S. 231

die Stadt erbringt. Z. B. kommen Arbeitskräfte vom Land in die Stadt und liefern agrarische wie auch gewerbliche Produkte.

Die Stadt – Land – Beziehungen und die zentralörtliche Funktion betreffen also viele Lebensbereiche, sind vielfältig und von unterschiedlicher Bedeutung und Intensität.

Man kann diese Lebensbereiche in fünf Bereiche einteilen. Den politisch – administrativen, den demographisch – sozialen, den kultisch – kirchlichen, den kulturellen und den wirtschaftlichen Bereich. In dieser Arbeit wollen wir uns kurz zusammengefasst den wirtschaftlichen Bereich anschauen, da die wirtschaftlichen Beziehungen von grundlegender Bedeutung sind und es kaum eine mittelalterliche Stadt ohne Markt gibt.

Die Entstehung der Stadt bedeutete eine Absonderung von der landwirtschaftlichen Produktion und dem Handwerk. Deshalb entwickelten sich stabile Austauschbeziehungen zwischen der Stadt und ihrem Umland. Es bildeten sich lokale Märkte heraus und gewannen an Bedeutung für die Bevölkerung. Die wirtschaftliche Verflechtung von Stadt und Land erfolgte zunächst über den städtischen Markt und dieser drückt die zentral wirtschaftliche Funktion der Stadt am deutlichsten aus.[14]

a.) Der Nahmarkt erfasste das engere Marktgebiet der Stadt, zu der Dörfer und kleinere Städte gehören können. Den Einzugsbereich bildeten die Besuche des täglichen Marktes, des Wochenmarktes oder des Jahrmarktes. In dieser Zone musste es den Bauern möglich sein, die Stadt innerhalb eines Tages zu erreichen, um ihre Produkte zu verkaufen, selbst einzukaufen und wieder zurückzukehren. Hierbei mussten die Bauern stets auf ihre Transportkosten und ihr Zeitbudget achten. Je flacher das Land war, desto größer auch der Durchmesser des Umlandes, weshalb die Städte im Norden weiter auseinander lagen, als die im Süden. Auf den städtischen Markt gelangten Agrarprodukte einer Landwirtschaft, die die Subsistenzwirtschaft überwunden hatte und Überschusse produzierte. Gekauft wurden gewerbliche Produkte der Stadt und wichtige Güter, wie Salz und Wein.

b.) Jenseits des engeren Nahmarkts lag das weitere Wirtschaftgebiet. Dieses tauschte sich regelmäßig mit der Stadt auf Wochen- oder Jahrmärkten aus. Kaufleute und Handwerker setzten hier ihre Produkte ab und kauften selbst ein.

---

[14] Isenmann, Eberhard: Die deutsche Stadt im Spätmittelalter. Verlag Eugen Ulmer. Stuttgart, 1988. S. 231-233

c.) Der Fernhandel als dritte Zone spielte sich hauptsächlich auf den großen Jahrmärkten oder sogar auf Messen ab, wo man sich mit notwendigen Fremdwaren eindecken konnte. Von "Einflussbereich" ist hier nicht mehr die Rede.

Durch diesen Produktionsaustausch erhielten Erzeugnisse den Charakter von Waren und somit kam das Geld ins Spiel, um als Vermittler des Tauschaktes aufzutreten. Geldmünzen wurden zu allgemein gültigen Äquivalent von Rohstoffen.[15]

4. Fazit

Das Hochmittelalter ist eine der bedeutendsten Phasen der Städtegründung. Zum wichtigsten Element der Städtegründung wurde immer mehr der Marktplatz, dem auch räumlich eine zentrale Bedeutung zufiel. Die räumlichen Kennzeichen der Stadtgründung waren vielfältig. Formales Kennzeichen der meisten mittelalterlichen Städte ist ein eher unregelmäßiger Grundriss. Wichtige Leitlinien blieben die Fernhandelswege oder Flüsse. Aufgrund des starken Bevölkerungswachstums wuchsen viele Städte schnell über ihre ursprünglichen Grenzen hinaus. Stadterweiterungen, die Anlage von Vorstädten, die Entstehung von Doppelstädten waren die Folge. Diese Dynamik spiegelt sich bis heute in Stadtteilbezeichnungen wie Altstadt, Neustadt oder Vorstadt.

Auch die Stadtmauer und das Stadtrecht waren wichtige Attribute der mittelalterlichen Stadt. Das Stadtrecht beinhaltete gewisse Pflichten aber auch Privilegien der Selbstverwaltung. Die bekannte mittelalterliche Redewendung "Stadtluft macht frei" ist hier nochmal zu nennen, die bedeutete, dass Stadtbürger im Allgemeinen nicht wie auf dem Land den feudalen Bannrechten der Herrscher unterlagen. Am Ende des Mittelalters war das städtische Grundmuster Deutschlands vorhanden. Später kamen nicht mehr viele Neugründungen hinzu. Erst während der industriellen Revolution sollte sich die Städtelandschaft Deutschlands rasch ändern.

---

[15] Isenmann, Eberhard: Die deutsche Stadt im Spätmittelalter. Verlag Eugen Ulmer. Stuttgart, 1988. S. 231-233

5. Literatur

- Albrecht, Stephan: Mittelalterliche Rathäuser in Deutschland. Wissenschaftliche Buchgesellschaft, Darmstadt 2004.

- Brockmann, Hartmut: Die Stadt im späten Mittelalter. Verlag C.H. Beck München. München, 1986.

- Fuhrmann, Bernd: Die Stadt im Mittelalter. Konrad Theiss Verlag. Stuttgart, 2006.

- Hofmann, Hans Hubert: Die historischen Gegebenheiten in ihrer Bedeutung für die Stadtentwicklung. Akademie für Raumforschung und Landesplanung. Hannover, 1976.

- Isenmann, Eberhardt: Die Deutsche Stadt im Spätmittelalter. Verlag Eugen Ulmer. Stuttgart, 1988.

- Fliedner, D.: Wirtschaftliche und soziale Stadtumlandbeziehungen im hohen Mittelalter. Beispiele aus Nordwestdeutschland. In: Franz, G.(Hg.): Stadt-Land-Beziehungen und Zentralität als Problem der historischen Raumforschung. Hannover, 1974.